Landesanstalt Preussische Geologische

Abhandlungen der königlich, preussischen, geologischen Landesanstalt

Neue Folge, Heft 8

Landesanstalt Preussische Geologische

Abhandlungen der königlich, preussischen, geologischen Landesanstalt
Neue Folge, Heft 8

ISBN/EAN: 9783744681414

Hergestellt in Europa, USA, Kanada, Australien, Japan

Cover: Foto ©ninafisch / pixelio.de

Weitere Bücher finden Sie auf **www.hansebooks.com**

Abhandlungen

der

Königlich Preussischen

geologischen Landesanstalt.

———

Neue Folge.

Heft 8.

BERLIN.

In Verlag bei der Simon Schropp'schen Hof-Landkartenhandlung.

(J. H. Neumann.)

1892.

Das
Rothliegende in der Wetterau

und

sein Anschluss an das Saar-Nahegebiet

von

A. v. Reinach.

Erläuterung

zur

Geologischen Uebersichtskarte der Randgebirge des Mainzer Beckens mit
besonderer Berücksichtigung des Rothliegenden.

Herausgegeben

von

der Königlich Preussischen geologischen Landesanstalt.

BERLIN.

In Verlag bei der Simon Schropp'schen Hof-Landkartenhandlung.

(J. H. Neumann.)

1892.

A. Einleitung.

Gliederung des Rothliegenden an der Saar und Nahe.

In den letzten Jahren hat Verfasser die Gegend zwischen Kreuznach und Saarbrücken vielfach begangen, öfters unter Führung des Herrn Landesgeologen H. GREBE, welchem hierfür specieller Dank ausgedrückt werden soll. Die auffallende lithologische Aehnlichkeit des Rothliegenden der Nahe mit jenem der Wetterau veranlasste nachfolgende Studie über Parallelisirung der Schichten und über Zusammenhang der Ablagerungen. Die ausgezeichneten Aufschlüsse im linksrheinischen Gebiete ermöglichten schon relativ früh Arbeiten, wie diejenigen von OEYNHAUSEN, LA ROCHE, v. DECHEN und STEININGER, deren hier nur pro memoria gedacht werden soll. v. DECHEN brachte 1864/65 [1]) die erste übersichtliche Eintheilung der Schichten zur Darstellung, welche er dann in der Uebersichtskarte [2]) 1866 etwas änderte.

Seine Hauptabtheilungen:

Unteres Rothliegendes (WEISS'sche III. und IV. Zone 1868), Oberes Rothliegendes (WEISS'sche V. Zone)

sind heute noch maassgebend. Die WEISS'schen Arbeiten von 1868 u. 1872 [3]) vervollständigten die Gliederung des Systems und gaben die

---

[1]) v. DECHEN, Geol. Karte d. Rheinprovinz u. Westfalens, Section Saarlouis, Trier. Kreuznach, Simmern. 1861–65.

[2]) v. DECHEN. Uebersichtskarte der Rheinprovinz u. Westfalens. Berlin 1866.

[3]) CH. E. WEISS. Begründung von 5 geognostischen Abtheilungen in den Steinkohlen führenden Schichten des Saar-Rheingebietes. Verh. Rheinl.-Westf. 25. Jahrg. Bonn 1868. — CH. WEISS u. LASPEYRES, Geogn. Uebersichtskarte

paläontologischen und lithologischen Daten zur Schichtbestimmung.
In den Erläuterungen zu den WEISS'schen Aufnahmen, den Blättern
Bouss, Dudweiler, Saarlouis, Friedrichsthal, Neunkirchen und namentlich Heusweiler finden sich weitere wichtige Angaben über die
verschiedene Ausbildung der betreffenden Schichten.

Die erste eingehende Gliederung des Oberen Rothliegenden
dieser Gegend verdanken wir BEYRICH und WEISS (Blatt Saarbrücken und Lebach); weitere Special-Arbeiten hierüber lieferte
GREBE [1]).

Nach den bis dahin, namentlich seitens WEISS und GREBE
veröffentlichten Daten, gab LEPSIUS [2]) 1889 eine übersichtliche Tabelle der Eintheilung der Stufen des Rothliegenden an Saar
und Nahe. Die endliche Zusammenstellung der Resultate der bisherigen
Forschungen veröffentlichten WEISS und GREBE im Vorworte zur
Erläuterung der Blätter Lebach, Wahlen, Wadern und Losheim;
Berlin 1889. Um die in nachfolgender Arbeit benutzten Be-
nennungen zu präcisiren, folgt hier die Wiedergabe der neben-
stehenden Tabelle.

Folgendes ist die Grundidee bei der Eintheilung von 1888:
Das Unterrothliegende enthält Eruptivgesteine in Gängen,
Lagergängen und Stöcken und führt Pflanzen- und Thierreste,
während im Oberrothliegenden beides in Wegfall kommt. Es ist
diese Zweitheilung statt der früheren Dreitheilung mit Rücksicht
auf die Vorkommen im Osten Deutschlands angenommen worden,
namentlich zum Vergleich mit dem von BEYRICH gegliederten
Rothliegenden Niederschlesiens und Böhmens, sowie demjenigen

des Kohlen führenden Saar-Rheingebietes. Berlin 1868. — CH. WEISS, Fossile
Flora der jüngsten Steinkohlen und des Rothliegenden im Saar-Rheingebiete.
Bonn 1869 u. 1872.
[1]) H. GREBE, Ueber das Ober-Rothliegende etc. Jahrb. d. Königl. Preuss.
geol. Landesanstalt. II. Band. 1881. — Erläut. z. Geol. Special-Karte von
Preussen. Blatt Saarburg und Freudenberg. — Mittheilungen über Revisions-
Arbeiten etc. und Untersuchungen im Ober-Rothliegenden in der Trier'schen
Gegend an der Saar, Nahe und in der Rheinpfalz. Jahrb. d. Königl. Preuss.
geol. Landesanstalt 1888.
[2]) LEPSIUS, Geologie von Deutschland S. 151.

WEISS 1868 · 1872	GREBE 1881		WEISS und GREBE 1888		
				Obere oder Kreuznacher Stufe (Monzinger Schichten)	
Ober-Rothliegendes	Ober-Rothliegendes — Oberes	Kreuznacher Schichten (GREBE)	Oberes Rothliegendes	Untere oder Waderner Stufe	
		Monzinger Schichten (GREBE)			
	Mittleres	Obere Söterner Schichten (GREBE)			
	Unteres	Untere Söterner Schichten (GREBE)		Söterner Schichten	5. Stufe
Mittleres Rothliegendes · untere | obere · Lebacher Schichten	Unter-Roth-liegendes — Oberes	Obere Lebacher Schichten (WEISS)		Tholeyer Schichten	4. Stufe
Mittel-Rothliegendes oder Lebacher Schichten		Untere Lebacher Schichten (WEISS)	Unteres Rothliegendes	Lebacher Schichten	zu oberst Acanthodes-Lager / 3. Stufe
Unter-Rothliegendes oder Cuseler Schichten	Unteres	Obere Cuseler Schichten (WEISS)		Obere Cuseler Schichten	2. Stufe
		Untere Cuseler Schichten (WEISS)		Untere Cuseler Schichten	1. Stufe

1*

im Thüringer Wald. Obige zwei Hauptabtheilungen sind überall
zu unterscheiden, während die weitere Gliederung als nur local
durchführbar gedacht ist. In der Wetterau und in dem unteren
Mainthale begegnet die Gesammt-Abgrenzung im Sinne der Gliederung an der Saar und Nahe keinen Schwierigkeiten, selbst das
Darmstädter Vorkommen, welches eher der Sächsischen Facies
entsprechend ausgebildet scheint, lässt sich in dem Schema unter-
bringen [1]).

An der Saar und der Mosel ist der Buntsandstein das Hangende, an der Saar Carbon das Liegende des Rothliegenden;
zwischen den Kreuznacher Schichten des Oberrothliegenden und
dem Buntsandstein findet sich mitunter eine sandig-dolomitische
Bank, welche als Vertreterin des Zechsteins angesehen werden kann.
LEPPLA fand in der Pfalz [2]) Zechsteinpetrefacten in einem Bänk-
chen aschgrauen Dolomits. Am Ostrande des rechtsrheinischen
Vorkommens ist ebenfalls der Buntsandstein das Hangende des
Rothliegenden, zwischen beiden ist aber der Zechstein vielfach
gut ausgebildet. Carbon als Liegendes ist noch nicht mit Sicherheit constatirt, wie später ausgeführt werden soll.

Noch folgt die Charakteristik der einzelnen Stufen des Rothliegenden im Saar- und Nahegebiet nach der Eintheilung von 1888.

a) Oberrothliegendes.

1. Kreuznacher Stufe (früher Monzinger Schichten). Feinkörnige rothe Sandsteine, dazwischen auch hellere Bänke, rothe
bis braunrothe Schiefer und Schieferletten (Röthelschiefer), unter-
geordnet Conglomeratbänke mit einzelnen stark zersetzten Melaphyrstücken und Kaolinbröckchen. Charakteristisch sind runde
grünliche Flecken im Gestein selbst sowie auf den Schichtflächen.
Nach der Tiefe hin nehmen die Conglomeratbänke und die Röthelschiefer zu, die Sandsteine ab.

---

[1]) Ueber die Parallelisirung des Sächs. Rothliegenden mit Saar und Nahe
s. v. FRITSCH, Neues Jahrb. f. Min. 1879, S. 681 und STENZEL, 7. Bericht der
Naturforsch. Gesellsch. in Chemnitz 1878—1880.

[2]) H. GRÄBE, Jahrb. d. Königl. Preuss. geol. Landesanstalt 1888. LEPPLA, Ueber
den Buntsandstein im Hardtgebirge. Geognostische Jahreshefte. Kassel, 1. 1888.

2. Waderner Stufe (früher Obere Söterner Schichten). Beinahe ausschliesslich Conglomerate von gerollten Porphyren, Melaphyren, Quarzen, Quarziten, Thonschiefern und anderen Gesteinen. In den oberen Schichten werden Porphyr und Melaphyr seltener. Oertlich bestehen die tieferen Schichten vorherrschend aus kleineren und grösseren eckigen und abgerundeten Melaphyrstücken. Die Conglomerate dieser Stufe sind zumeist sehr grobstückig und locker, von Farbe braunroth; selten sind etwas hellere Sandsteinbänke dazwischen.

b) Unterrothliegendes.

1. Söterner Stufe (früher Untere Söterner Schichten).

α. Obere Thonsteine. Bezeichnend dafür sind Porphyrbreccien und ächte Trümmertuffe, stellenweise kommen auch feste Conglomerate mit Porphyr, Melaphyr und älteren Gesteinen vor. Die Gesteinsstücke zeigen wenig Abrundung, Farbe vorwiegend ziegelroth, seltener bunt oder grünlich. Die Schichten zerbröckeln leicht in erbsen- bis eigrosse Körner und Stücke.

β. Grenzmelaphyr: Eruptivgesteine, meist deckenförmig. Bei vollkommener Ausbildung nach LOSSEN: a. untere Zone (Sohlgestein), Augitporphyrite ohne Mandelsteine. b. Mittelzone, Kieselsäurereiche Hauptporphyritzone mit deren Mandelsteinen. c. Dachzone, vorherrschend Melaphyr, oft mit Mandelsteinen.

γ. Untere Thonsteine. Charakteristisch dafür sind grobe eckige Porphyrconglomerate, daneben auch Tuffe, Sandsteine und glimmerhaltige thonige Schiefer. Sie sind nur local ausgebildet. Ihre Farbe ist an der Nahe vorherrschend röthlich-, gelblich- und graulichweiss, seltener ziegelroth, grünlich oder bunt. An einigen Stellen findet sich an der Basis dieser Schichten ein feinkörniges Conglomerat mit ziemlichem Kalkgehalt, auch dichte Kalke: Vorkommen eines Kalksteinflötzes am Donnersberg, bei Sprendlingen und in Sachsen mit Stegocephalen, Fisch- und Pflanzenresten (v. R.).

2. Tholeyer Stufe (bisher Obere Lebacher Schichten). Gelblichweisse, auch röthliche oder violette, meist conglomeratische Sandsteine und Arkosen mit Conglomeratbänken. Die Geschiebe

sind wohlgerundet und haben eine glatte Oberfläche. Quarz-Porphyr ist nicht selten. Selten sind als Zwischenlagen graue glimmerreiche Schiefer mit Pflanzenresten vorhanden [1]. Von Petrefacten sind zu nennen Kieselholz, Walchien, Calamiten, *Alethopteris*, *Callipteris*, *Odontopteris obtusa*, *Schizopteris*, *Cyatheites*, *Cordaites*, *Artisia*, *Araucarites* etc. Coniferen überwiegen, Farne und Calamiten sind weniger häufig.

3. Lebacher Stufe (bisher Untere Lebacher Schichten). Zu oberst zuweilen bunte Schiefer, dann dunkle und schwarze Schiefer, (Haupt-*Acanthodes*-Lager), mit untergeordneten Sandsteinbänken, bei Lebach mit den bekannten Eisensteinnieren; selten sind ganz schwache Kohlenflötze. Flora wie in den Tholeyer Schichten, aber Farne schon reichlicher; Fauna *Acanthodes*, *Amblypterus*, *Archegosaurus*, *Estheria*, *Gampsonyx*, *Anthracosia* (selten), viele Entomostraceen (bezeichnend für Trennung von Tholeyer Schichten), Coprolithen etc. etc. Im Liegenden meist ein gelber oder grauer feinkörniger, oft schwefelkieshaltiger Sandstein, zuweilen conglomeratisch, mit Pflanzenresten.

4. Obere Cuseler Stufe. Rothe und graue Sandsteine (Sanct-Wendeler Bausteine), auch bunte Schieferletten und z. Th. arkosige Conglomerate, dünne dunkle Schiefer mit viel *Anthracosia Goldfussiana*. Im Saargebiet meist rothe Schieferletten und Röthelschiefer. An einigen Stellen bauwürdige Kohlenflötze. Von Petrefacten *Amblypterus*, *Rhabdolepis*, *Anthracosia*, Entomostraceen *Estheria*; Pflanzenreste neben denen des Rothliegenden, also Walchien, *Calamites gigas*, *Alethopteris conferta*, *Odontopteris obtusa* u. s. f., auch noch einige Carbonpflanzen, wie *Pecopteris Serli*, *Cyathocarpus dentatus*, *C. Miltoni*, *Cyathocarpus unitus*. Coniferen treten zurück, Farne überwiegen.

5. Untere Cuseler Stufe. Wechsel von grauen und rothen Schiefern neben Kalksteinflötzen, seltener Sandsteine. An der Basis das Kalkkohlenflötz, ein charakteristisches bauwürdiges Kalksteinflötz. Petrefacten wie in voriger Stufe.

[1] Im Westen fehlend.

B. Topographisches.

Das zu behandelnde Gebiet (siehe anliegende Uebersichtskarte) ist im Nordwesten durch den Steilabfall der Taunusschichten begrenzt. Im Nordosten verschwindet das Rothliegende
unter dem Basalt des hohen Vogelsbergs, im Osten mit dem
Zechstein unter dem Buntsandstein der Kinzigthaler Berge, im
Westen setzt das Rothliegende jenseits Alsenz und Nahe fort,
welches Gebiet in den so ausgezeichneten vorerwähnten Arbeiten
von WEISS, LASPEYRES und GREBE behandelt ist. Nach Süden
ist für diese Arbeit eine Grenzlinie von Nierstein bis an die
Bergstrasse angenommen. Die heutige Topographie der bezeichneten Gegend hat ihren besonderen Charakter durch die Senke
des Mainzer Beckens sowie durch die gewaltigen Basaltdurch-
brüche des Vogelsbergs erhalten.

In Rheinhessen ist das Rothliegende zumeist von Tertiär bedeckt. Die Landschaft hat einen sanft hügeligen Charakter und
fällt mit einem Steilrand gegen den Rhein ab.

Die Gegend zwischen dem Rhein und dem Odenwald ist
ganz flach und gehört dem neuen und alten Fluss- und Ueber-
schwemmungsgebiet an. Die nördliche Fortsetzung der Bergstrasse
wird durch Rothliegendes gebildet. Es trennt als wenig erhöhte
Schwelle das Rheingebiet vom alten Mainbett, das sich von
Aschaffenburg über Babenhausen, Sprendlingen bis Kelster-
bach verfolgen lässt[1]. Der junge Main hat sich sein Bett in das
tertiäre Hügelland des östlichen Theils des Mainzer Beckens,
oft recht steil, eingegraben, nachdem er sein altes Bett ver-
schottert hatte.

Den Nordosten des auf der Karte dargestellten Gebiets bildet
zum grossen Theil die durch ihre Fruchtbarkeit bekannte Niede-
rung der Wetterau, begrenzt durch den Basalt des Vogelsbergs
und die Kinzigthaler Buntsandsteinberge.

Die Nidda mit ihren Nebenflüsschen Nidder, Wetter, Erlen-

---

[1] KINKELIN, Senckenb. Ber. 1889, S. 39.

bach und Usa durchqueren die Landschaft. Main- und Nidda-
gebiet sind durch einen Höhenzug, die sogenannte Hohe Strasse,
getrennt.

C. Vorkommen des Rothliegenden.

a) Im Taunus.

Das nordwestlichste Vorkommen in unserem Gebiete ist das-
jenige am Taunusrand zwischen Medenbach und dem Lorsbacher
Thal. Die Taunusschiefer fallen hier mit ca. 70° SO. ein. Auf
denselben lagert das Rothliegende mit 30—40° SSW. bis SSO.
Einfallen. Die Auflagerung ist im Wassergraben am Weg
Langenhain — Lorsbach zu ersehen. Das Rothliegende besteht
daselbst aus einem ziegel- bis braunroth gefärbten Conglomerate
aller jetzt im südlichen Taunus anstehenden Gesteine. Dies
dürfte ein Beleg dafür sein, dass der Taunus zu jener Zeit bereits
die gleiche lithologische Zusammensetzung wie heute hatte. Melaphyr und Porphyr sind im Conglomerate nicht zu constatiren,
hingegen zeigt das Mikroskop öfters kleine Kalkspathpartikel. Eine
Analyse ergab für das unterhalb Lorsbach an der Bahn anstehende
Gestein

9,71 Procentgehalt an kohlensaurem Kalk,

2,52   »   » kohlensaurer Magnesia.

Mit Salzsäure behandelt zerfällt das theilweise recht feste
Conglomerat. Das Bindemittel dürfte bei dem Ueberschusse an
Eisen hier also wohl Eisenspath sein. Im Kasernthal westlich
von Hofheim war ein Schacht angesetzt, den Koch in seinen Erläuterungen zu Blatt Hofheim erwähnt. Bei 50 Fuss Tiefe
wurde aus demselben ein sehr grobes Quarzitconglomerat her-
ausgebracht, das noch vor 3 Jahren auf der Halde lag. Koch
vermuthete, dass man s. Z. auf anstehenden Taunusquarzit gekommen sei, doch dürfte dies, in Hinsicht des Ortes und des
steilen Einfallens der Taunusschichten, nicht leicht möglich sein.
Die oberen Conglomerate mittleren Kornes, sowie die unteren
groben Conglomerate, gehören den Waderner (Oberen Söterner)
Schichten an, wie solche bei Wadern, bei Uerzig an der Mosel

und namentlich schön im oberen Krebsweiler Thal am Hainberg anstehen. Das am höchsten gelegene Vorkommen von Rothliegendem am Taunusrand findet sich bei Langenhain ca. 300 Meter über dem Meer, das tiefste zu Tage anstehende im Lorsbacher Thal bei 145 Meter absoluter Höhe. Bei der Ausdehnung des Vorkommens und dessen starkem Einfallen muss die Mächtigkeit mindestens mit 6—700 Meter angenommen werden. Im oberen Kasseruthal erkennt man Taunusschiefer als Liegendes der Rothliegenden Schichten. An der Ostseite des Kapellenberges und des Lorsbacher Kopfs findet sich das Rothliegende nicht mehr zu Tage anstehend.

b) In der Wetterau und bis zum Büdinger Wald.

Am rechtsrheinischen Taunusrand tritt kein weiteres Rothliegendes mehr auf. Das zunächst nach Osten befindliche Vorkommen ist in Vilbel. Hier beginnt der vorerwähnte Hügelrücken, die »Hohe Strasse«, welche Nidda und Nidder vom Mainthale scheidet. Der Hügelzug wird östlich zu einer Hochfläche, welche noch weiter im Osten in directem Zusammenhange mit dem Büdinger Wald und dem Vogelsberg steht. Das Vilbeler Rothliegende ist in einer grossen Anzahl von Steinbrüchen, im Süden und Osten des Städtchens, gut aufgeschlossen. Es besteht zumeist aus Arkosesandsteinen mit Conglomeraten und glimmerhaltigen Schiefern, also ganz charakteristischen Tholeyer (Oberen Lebacher) Schichten, wie solche linksrheinisch bei Flonheim, Bärweiler, Kirn, Sobernheim, Waldböckelheim und anderorts auftreten. Die Farbenschattirungen schwanken zwischen Braun und beinahe Weiss. Auch kommen die bezeichnenden runden Ausscheidungen (Brode) vor. In den Vilbeler Steinbrüchen überwiegen braune und graue Feldspathsandsteine, während im Vilbeler Wald sowie längs der Nidder bis Gronau gelblichweisse Feldspathsandsteine und Conglomerate anstehen. An der Vilbeler Kirche (Strasse nach Gronau) findet sich der sogenannte Vilbeler weisse Sand, der aus zersetztem feinkörnigem Arkosesandstein besteht. Den Uebergang in das Zersetzungsproduct kann man in der kleinen Sandgrube deutlich ersehen. Die Conglomeratbänke im Vilbeler Vorkommen enthalten

zumeist Quarze, Quarzite, auch vereinzelte Stücke von Taunusschiefer und Spessartgesteinen. Das Einfallen ist im nördlichen
Theile NNO., im südlichen Theile SSW., es liegt also Sattelbildung vor, welche übrigens auch durch eine Reihe kleiner Ver-
werfungen und Gangspalten indicirt wird. Im ONO. Streichen
dieses Sattels treten in der Wetterau die gesammten bisher daselbst erkannten Vorkommen von Schichten des Unterrothliegen-
den auf. Im FLEISCH'schen Steinbruch (südlich von Vilbel), in
welchem eine Gangspalte mit schönen Kalkspathkrystallen ausge-
füllt wird, ist das Profil folgendes:

1,50 ᵐ gelber Thonmergel,
0,75 ᵐ blauer Thon (Rupelthon),
0,50 ᵐ Meeressand mit Zähnen von *Lamna* und gerolltem
      Kieselholz (Mitteloligocän),
7,00 ᵐ Arkose und Conglomerate (Tholeyer Schichten).

Kieselholz in einzelnen Stücken und ganzen Stämmen findet
sich in grossen Mengen im Arkosesandstein. Zur Zeit ist ein
Stamm von ca. 5 Meter Länge und ³/₄ Meter Dicke mit ver-
zweigten Wurzeln anstehend. Diese Hölzer wurden grösstentheils
für *Araucarites Rhodeanus* GÖPP. angesehen. Professor UNGER
in Wien bestimmte ähnliche Kieselhölzer von Erbstadt (Wetterau)
als *Dadoxylon Rollei (Araucarioxylon* [1]). In den mehr schiefrigen
Schichten finden sich unbestimmbare Pflanzenreste. Nach Mittheilung des Herrn Dr. VOLGER fand derselbe in einem Versuchs-
schachte nordöstlich von Vilbel bei 12 Meter Tiefe graue schiefrige
Thone mit Pflanzenresten, wie jene an der Naumburg, welche
später angeführt werden sollen. Ausströmungen von Kohlensäure
zwangen zum Verlassen des Versuchsschachtes. Die kohlensäure-
haltigen Mineralwasser Vilbels scheinen demnach diesen Schichten
zu entstammen. Von Vilbel aus lässt sich das Rothliegende, stets
Tholeyer Schichten, auf 3 Kilometer bis vor Gronau verfolgen.
Bei der Riedmühle entspringen an der Grenze des Rothliegenden

---

[1] Sitzungsber. d. Wiener Akad. Bd. XXXIII, 1858; über Dadoxylon s. auch
FELIX, Bau d. Westfäl. Carbonpflanzen. Abhandl. z. Geol. Special-Karte von
Preussen 1885.

starke Quellen mit Tuffabsätzen, während ca. 50 Meter östlich sowie 300 Meter südöstlich von dieser Stelle Versuchsschächte auf Braunkohlen bis zu 40 Meter Tiefe niedergebracht nur Cyrenenmergel(Ober-Oligocän) ergaben [1]). Die hier vorliegende Verwerfung lässt sich im Mainthal westlich von Offenbach genau constatiren und wird bei Anführung des Vorkommens daselbst näher zu besprechen sein. Weiter nach Osten bilden bis vor Oberdorfelden ebenfalls Tertiärschichten, von Löss überlagert, den Nordrand des Nidderthals. Südlich von der Strasse, am Grenzrain zwischen Nieder- und Oberdorfelden, finden sich viele Stücke von feinkörnigem Oberrothliegenden-Sandstein sowie Carneol und Hornstein. Es muss dies wohl die Stelle des von LUDWIG [2]) nach ROESSLER angeführten, jetzt eingeebneten Steinbruchs sein. Etwa 200 Meter östlich hiervon steht im Hohlwege Oberrothliegendes an, feinkörniger rother Sandstein und Schiefer mit den charakteristischen runden grünen Flecken: Kreuznacher Schichten. Gleiches Vorkommen ist in dem etwas südöstlich gelegenen Steinbruch aufgeschlossen (Einfallen NNO. 12⁰). Die tieferen Bänke bestehen zumeist aus feinkörnigem Conglomerat mit etwas Kaolin. Die Schiefer und Sandsteinschichten setzen weiter über den sogen. Weinberg und die Kilianstädter Mühle (Müllergraben) bis auf den Berghang nordwestlich von Kilianstädten fort. Das Einfallen wechselt jedoch mehrmals; am Hange gegenüber der Mühle ist es SSO., nördlich von Kilianstädten wieder NNO. Die südwestliche Grenze dieses Vorkommens ist durch eine Verwerfung genau markirt. An den Kilianstädter Weinbergen sieht man das Rothliegende den Berg hinauf, nach Osten hin, gegen tertiäre (Corbicula-) Kalke scharf abgeschnitten. Die gleiche Grenze kann man an der Landstrasse westlich von Kilianstädten, am Berghang nordwestlich von den ersten Häusern des Dorfes, ebenso weiter im Thal (zwischen Heiligenwald und Geileberg bis zur Eisenbahn Friedberg—Hanau) verfolgen. Das Oberrothliegende (Kreuznacher Schichten) steht nordwestlich von Kilianstädten bis nahe an den Kilianstädter Wald an.

---

[1]) Section Offenbach, Gr. Hess. Special-Karte und Bodenbender, Inaugural-Dissertation. Stuttgart 1884.
[2]) Section Offenbach, Gr. Hess. Special-Karte.

In halber Bergeshöhe neben den Steinbrüchen finden sich zwei schmale Bänke von Carneol und Hornstein, wie solche auch von GREBE an der Nahe in den gleichen Schichten beobachtet wurden. Diese Hornsteine sind versteinerungsleer, während diejenigen der Thonsteingruppe oft Pflanzenreste, wie Staarsteine, *Scolecopteris elegans* etc. enthalten. Am Südrande des Kilianstädter Waldes steht Corbiculakalk in Ueberlagerung des Rothliegenden an. Ein Kilometer weiter nördlich, nahe dem steilen Abfall nach Büdesheim, treten in einem alten Steinbruch dunkelgraue sehr dichte Kalke auf. Das Profil von oben nach unten ist wie folgt:

0,30 m feste Kalkbank,

0,25 m graue Thonschicht mit etwas Rollkieseln dazwischen,

1,00 m dunkelrothe weiche geschichtete Thone,

1,50 m rothe Sandsteine und Schiefer mit runden grünen Flecken, anscheinend Kreuznacher Schichten.

Das Einfallen der Schichten ist sehr schwach NNO. Die Kalke führen in ihrem jetzigen Aufschluss anscheinend keine bestimmbaren Versteinerungen, haben aber den charakteristischen Geruch der Stinkkalke. Ein Vergleich mit irgend welchen Kalken des Mainzer Tertiärbeckens oder mit den später zu besprechenden Darmstädter Plattenkalken im Unteren Rothliegenden steht ausser Frage. Bei der concordanten Ueberlagerung des Ober-Rothliegenden und der Uebereinstimmung der lithologischen Merkmale dürften diese Schichten auch ohne Versteinerungsfunde vielleicht als Unterer Zechstein zu bestimmen sein, namentlich da letzterer circa 10 km östlich hiervon in der Linie Bulau-Langendiebach, dann längs des Spessartrandes und im Gründauthal zusammenhängend auftritt [1]. Weiter bergabwärts, nahe Büdesheim, erscheinen feste thonige Schieferschichten, Arkosen und grobkörnige Sandsteine mit vielen dolomitischen Kalkknauern und Hornstein (Einfallen SSO.). Es sind wohl Tholeyer Schichten, da, wenige Schritte weiter, der Büdesheimer Intrusivmelaphyr mit SSO.-Einfallen ansteht. Die geringe Entwicklung der Oberrothliegenden-Schichten am Berghang, sowie deren widersinniges Einfallen gegen die Tholeyer

_____

[1] Es sind mir seither bei den Detailaufnahmen in der östlichen Wetterau in den obersten Schichten des Oberrothliegenden mehrfach Kalkbänke vorgekommen, mit welchen obige Schicht vielleicht noch bessere Uebereinstimmung zeigt.

Schichten, lassen es als wahrscheinlich erscheinen, dass zwischen beiden Vorkommen eine O-W.-Verwerfung durchgeht, andernfalls würde discordante Ueberlagerung anzunehmen sein. Die oberen Schichten des Büdesheimer Melaphyrs sind Mandelsteine, die unteren feste basaltische Melaphyre, wie vielfach an der Nahe. Der Melaphyr lässt sich über die Nidder verfolgen und ist nach Westen von Oberrothliegendem begrenzt, welches mit dem Oberdorfelder Vorkommen in Verbindung steht. Am Büdesheim-Kaichener Fusswege treten unter dem Melaphyr, in einem mangelhaften Aufschlusse von tiefem Löss bedeckt, anscheinend Lebacher Schichten zu Tage. Weitere 150 ᵐ östlich zunächst der Chaussee Büdesheim-Heldenbergen stehen wieder Kreuznacher Schichten mit SO.-Einfallen an. Dieselben lassen sich an den Gehängen beiderseits der Nidder und auch im Flussbett selbst bis Windecken verfolgen. Ebenso setzt das Oberrothliegende von Kilianstädten unter dem Tertiär (Corbiculaschichten) direct fort bis Windecken. Auf der Leimenkaute südöstlich von Windecken sind grosse Steinbrüche im Oberrothliegenden und dem dasselbe überlagernden Untern Corbiculakalk angelegt.

Unmittelbar südlich von diesem Vorkommen ist bis zum Rande des Odenwalds kein Rothliegendes mehr aufgeschlossen noch erbohrt. Auch nach Osten hin tritt das Rothliegende erst bei Langenberghein unter einer Basaltüberlagerung wieder zu Tage. Ueber die hier vorliegende Senke und deren Ausfüllung wird Verfasser in einer späteren Arbeit berichten. Nördlich von Windecken steht das Oberrothliegende (Kreuznacher Schichten) am Bahnhofe Heldenbergen-Windecken an. Dasselbe lässt sich, mit stetem SO.-Einfallen, weiter nach NNO. verfolgen.

Es steht am Nordhange des Fischerbergs unter dem Kalkofen an, ebenso in der Nidder, ¹⁄₂ ᵏᵐ südlich Eichen, ferner an einigen Punkten der Heldenbergen-Eichener Landstrasse.

In den Eichener Steinbrüchen, ca. 1 ᵏᵐ westlich von diesem Orte, sind unter feinkörnigen Oberrothliegenden-Sandsteinen auch Conglomerate und Röthelschiefer aufgeschlossen. Ehe wir die Rothliegenden-Schichten weiter nach NO. verfolgen, ist es nöthig, das Heldenberger Vorkommen zu besprechen. An der Heldenberger Mühle treten die charakteristischen dunkelgrauen Schiefer der

Lebacher Schichten zu Tage und sind bis an die Mauer des Schlossgartens zu verfolgen. Daselbst stehen gelbe Sandsteine an, lithologisch identisch mit den untersten Lebacher Schichten der Nahegegend (Walchiensandsteine). Auch hier bestand früher auf dieses Vorkommen Steinbruchsbetrieb. Von Versteinerungen fanden sich nur unbestimmbare Pflanzenreste in grosser Menge vor. Das Einfallen ist an der Mühle südöstlich, während ein Schurf, am alten Steinbruch angelegt, ein Einfallen von 75⁰ NNW. ergab. Schon das plötzliche steile Einfallen lässt eine Verwerfung muthmaassen.

Ein weiterer Beleg hierfür ist, dass in dem Keller des Wirthes Goi in Heldenbergen, ganz nahe dem Schlosse, Oberrothliegendes (Kreuznacher Schichten) ansteht und die gleichen Schichten in den Brunnen des Ortes, sowie in dem der Ziegelei nördlich vom Orte an der Bahn angetroffen wurden. Weiter nördlich von Heldenbergen ist der Untergrund durch tiefen Löss verdeckt. Verfolgt man den sogenannten Römerpfad nach der Naumburg zu, so tritt am ersten Vorsprung des Berges in einem alten Steinbruch Melaphyr (Melaphyrmandelstein), ziemlich stark zersetzt, zu Tage; 500ᵐ weiter nördlich sind am südwestlichen Hang, unter der Burg, Steinbrüche im Arkosesandstein der Tholeyer Schichten angelegt. (Einfallen schwach NO.). Das Einfallen des Naumburger Vorkommens ist überhaupt ein wechselndes, vielleicht in Folge der Melaphyrdurchbrüche. An der Hainmühle unter der Naumburg befinden sich die wegen ihrer Pflanzenreste bekannten weiteren Steinbrüche. Es sind graue und braune Arkosesandsteine (Tholeyer Schichten), auch Conglomerate mit Taunus- und Spessartgesteinen. Die Pflanzenreste finden sich in grauen schiefrigen, stark glimmerhaltigen Schichten; Abbildung schöner Exemplare und Aufzählung der Arten enthält das unten angeführte GEINITZ'sche Werk[1].

Das Senckenbergische Museum sowie Verfasser besitzen eine gute Sammlung des Vorkommens. Ueberwiegend sind Walchien, weniger häufig Calamarien, Nöggerathien und Farne. Selagines fehlen.

---

[1] GEINITZ, Dyas II.

Nördlich von der Naumburg folgt ein grauer, auch grünlichgrauer fester Thonschiefer, durchbrochen von stark zersetztem Melaphyr, in dessen Hangendem aber noch Thonschiefer von vorerwähntem Habitus anstehen. Es scheint also der Melaphyr nicht ganz zum Durchbruch gekommen zu sein. Dr. Schauf hatte die Güte, den Melaphyr durch eine Reihe von Schliffen zu bestimmen. Die bröckeligen Massen neben dem Melaphyr mit eigenthümlichen dunkelbraunen Ausscheidungen hält er für tuffartiges Gestein. Das schiefrige Gestein, welches den Melaphyr auf weite Strecken umgiebt, ist das gleiche Material, welches an der Nahe mit dem Ausdruck »verändertes Gestein« bezeichnet wird; es sind anscheinend durch den Melaphyr verhärtete Lebacher Schichten. Das Einfallen ist südöstlich, also befindet man sich im Liegenden der Naumburger, Tholeyer Schichten. Landesgeologe Grebe war so freundlich, die Bestimmung dieser veränderten Schichten zu prüfen.

Ludwig[1]) hat solche als Sericitschiefer aufgeführt und den Melaphyr als Diabas bezeichnet. Die Angabe über das Auftreten »devonischer« Schichten an der Naumburg ist irriger Weise auch in andere neuere Publikationen übergegangen. Verfolgt man den Bergrand nach Erbstadt zu, so trifft man an der Stelle der Umbiegung des Thals nach Norden, in einem verstürzten Steinbruch, auf einen Melaphyrgang[2]).

Am westlichen Ufer des Kaichener Baches steht noch verändertes Gestein an, welches allmählich in normale Lebacher Schichten übergeht. Erbstadt gegenüber sind bis zum Wünschengrund halbwegs Engelthal Tholeyer Schichten, Arkosesandsteine, durch eine Reihe von Steinbrüchen gut aufgeschlossen; Kieselholz ist hier sehr häufig. Das Einfallen der Schichten ist zumeist östlich, also das Eichener Vorkommen von Oberrothliegendem in richtiger Folge unterteufend. Im gleichen Streichen treten die Tholeyer Arkosesandsteine nochmals nördlich von Stammheim auf (am Fusswege nach Nieder-Mockstadt), um dann unter dem Ba-

1) Section Friedberg der Gr. Hess. geolog. Special-Karte 1855.
2) R. Ludwig, Section Friedberg der geolog. Special-Karte des Grossh. Hessen 1855.

salt des Vogelsberges zu verschwinden. In Stammheim selbst erkennt man in den Kellern gegenüber der Schule grobe Conglomerate der Waderner Schichten als Hangendes der Tholeyer
Schichten.

Verfolgt man vom Oberrothliegenden bei Eichen die Landstrasse nach Engelthal-Altenstadt und biegt etwas nördlich von Höchst
a. d. N. in den Fussweg nach Engelthal ein, so erscheinen an
der sogenannten Steinkaute bunte Schiefer nebst feinkörnigen
Sandsteinen und Letten. Das gleiche Vorkommen lässt sich von
Engelthal noch eine Strecke aufwärts nach dem Basaltbruch zu
verfolgen, ebenso längs des Fahrweges von diesem Hofe bis zur
Eichen - Altenstadter Landstrasse, dann weiter nordostwärts bis
ca. 300 ᵐ nördlich von Altenstadt, am Fusswege von diesem Orte
nach Stammheim. Das Einfallen dieser Schichten ist südöstlich.
Von Petrefacten fanden sich bis jetzt darin bei Engelthal nur
einige zweifelhafte Estherien und unbestimmbare Pflanzenreste.
Etwas weiter nordwestlich am Fusswege Altenstadt-Stammheim
giebt ein alter Steinbruch gute Aufschlüsse; hier erkennt man als
Liegendes der bunten Schiefer graue Sandsteine und ebensolche
Thonschiefer. Aus letzteren giebt LUDWIG[1] *Calamites gigas*,
Annularia carinata, *Odontopteris obtusiloba*, *Walchia pinnata* und
piniformis, *Asterophyllites* und *Voltzia* (?) an. Gut bestimmbare
Pflanzenreste sind jetzt nicht mehr vorhanden; dagegen fand Ver-
fasser viele *Acanthodes* - Stacheln, einen kleinen Saurierkiefer,
Estheria tenella und massenhaft Entomostraceen[2]. Herr WOL-
TERSTORFF fand ein schönes Skelett von *Xenacanthus Decheni* und
einige Exemplare einer kleinen *Anthracosia*. Die Lebacher
Schichten sind also nicht nur lithologisch, sondern auch durch
Petrefacten bestimmt, ebenso entsprechen die überlagernden bunten
Schiefer dem gleichen hangenden Vorkommen an der Nahe. Ueber
die Anthracosien und Entomostraceen (verschiedene Arten) wird
Verfasser in einer besonderen Arbeit berichten. Südlich vom

---

[1] Erläuterungen zur Section Friedberg der geol. Special-Karte des Grossh.
Hessen 1855.

[2] Ein seither daselbst gefundener Stegocephalenschädel gehört nach freundlicher Bestimmung des Herrn Prof. CREDNER zu *Branchiosaurus*.

Steinbruche kommen gelblichweisse feinkörnige Sandsteine vor, welche wohl wie an der Nahe die liegenden Schichten der Lebacher Stufe darstellen. (Diesen sogenannten Walchiensandsteinen entstammten vielleicht die von LUDWIG angeführten Pflanzen?) Hierauf folgen bei Altenstadt weiter im Liegenden rothe Sandsteine, lithologisch den St. Wendeler Bausteinen ähnlich. In einer zwischenliegenden grauen Schicht fanden sich verdrückte Muschelreste von *Anthracosia stegocephalum* GEIN. und wahrscheinlich auch *Anthracosia Goldfussiana.* Die Oberen Cuseler Schichten bilden hier einen Sattel, das Einfallen wechselt nach Nordwest, es treten wieder Untere Lebacher Schichten auf, doch vielfach roth gefärbt, vielleicht in Folge des in nächster Nähe auftretenden Basaltes. Das Thal wendet sich westwärts und bildet das sogenannte Teufelsloch; hier reicht der Basalt bis beinahe zur Thalsohle herunter, es folgt dann eine wenig breite Lössablagerung, und im Hintergrunde des Thales erscheinen unter dem Basalt Kreuznacher Schichten mit SO.-Einfallen. Auch oberhalb Engelthal ist die gleiche Lösseinlagerung zwischen Lebacher und Kreuznacher Schichten zu constatiren. Anscheinend geht also hier eine Verwerfung durch, welche von den Lösseinlagerungen markirt wird. Beide Vorkommen von Oberrothliegendem stehen mit einander in Verbindung, und finden sich längs des Weges von Engelthal nach dem Oppelshauser Hof, an der Landstrasse Altenstadt-Ilbenstadt und im Walde nördlich hiervon, gute Aufschlüsse. An letzterem Punkte sieht man den Basalt das Rothliegende durchbrechen

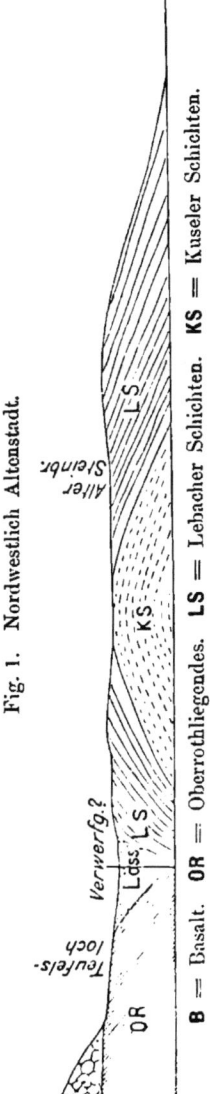

Fig. 1. Nordwestlich Altenstadt.　B = Basalt. OR = Oberrothliegendes. LS = Lebacher Schichten. KS = Kuseler Schichten.

und überfliessen. An anderer Stelle scheint Tertiär (Corbicula-schichten und Sande) zwischen Rothliegendem und Basalt ein-geschaltet zu sein. In Altenstadt selbst stehen unter der Kirche Kreuznacher Schichten an, feinkörnige Conglomerate und Schiefer mit etwas Kaolin (Einfallen SO.). Das gleiche Vorkommen ist bis Rodenbach und am Wege von Rodenbach nach Lindheim zu verfolgen. Im Mühlgraben der Kirlesmühle steht grobes Conglo-merat an, die gleichen Schichten, stark zersetzt, auf der Höhe des Fahrwegs Altenstadt-Rodenbach. Es sind dies wohl schon Waderner Schichten.

Nördlich von Rodenbach ist das Rothliegende durch Basalt-ströme und Sande verdeckt; es tritt erst wieder oberhalb der Winters-mühle, westlich von Glauberg zu Tage, hier in Verbindung mit dem Oberrothliegenden, das sich von Enzheim an der Glauburg hin gegen Bleichenbach verfolgen lässt, um hier mit der Ueber-lagerung von Zechstein unter dem Buntsandstein zu verschwinden. An der Glauburg treten im Oberrothliegenden kalkhaltige Bänke auf. Oestlich von Lindheim stehen an der Landstrasse von Hainchen nach Enzheim wieder Lebacher Schichten mit südöst-lichem Einfallen an. Von Petrefacten fanden sich nur unbestimm-bare kohlige Pflanzenreste. Tiefere Schichten, vielleicht schon dem Oberen Cusel angehörig, lassen sich bis halbwegs Enzheim ver-folgen, ebenso auch ein stark zersetzter Melaphyr mit Carneol und Hornstein. Bei Enzheim erscheint an der Glauburg unter Basalt Ober-Rothliegendes mit NNO.-Einfallen, wie oben ange-führt. Hier werden vielleicht wie bei Altenstadt-Engelthal Ver-werfungen zwischen Oberrothliegendem und Lebacher Schichten auftreten, wenn nicht discordante Ueberlagerung vorliegt. Für letztere war bisher kein directer Nachweis zu erbringen, sie ist aber an dieser Stelle wahrscheinlich, da die Schichten zwischen der Lebacher und Kreuznacher Stufe auf weitere Ent-fernung nicht anstehend gefunden wurden. Die endgültige Erledi-gung dieser Frage muss einstweilen der genauen geologischen Kartierung vorbehalten bleiben. Etwa 2 ^{km} östlich von Lindheim treten wieder Kreuznacher Schichten auf, welche sich bis zur Linie Selters-Stockheim-Bleichenbach-Haingründau-Lieblos im O.

und Langenselbold-Rodenbach-Somborn-Lützelhausen-Altenhasslau im S., unter theilweiser Bedeckung von Basalt, Tertiär, älterem Diluvium und Löss verfolgen lassen. Als hangende Schichten des Oberrothliegenden treten vielfach, so bei Haingründau, mächtige mergelige Schichten mit seltenen Sandsteinbänken auf. Letztere haben mitunter etwas Kalkgehalt. An der SO.- und O.-Grenze des Rothliegenden wird dasselbe von Zechstein überlagert. Beide verschwinden dann weiter im O. unter der Buntsandsteinbedeckung und im S. unter dem Alluvium und Diluvium des Mainthales.

Am Freigericht bildet Gneiss und Glimmerschiefer das Liegende des Oberrothliegenden und am Westabfall desselben in Rodenbach a. d. Kinzig sind im Thale Kreuznacher Schichten (mergelige Schieferthone) unter dem Zechstein erkennbar, während am Berghang Conglomerate mit vielen Porphyrstücken auftreten. Es liegt möglicher Weise hier eine stärkere Senkung vor, namentlich da der Zechstein östlich davon im Kahlthal in 200 ᵐ höherem Niveau wieder ansteht. Im Freigericht tritt der Zechstein häufig ohne Rothliegendes in directer Auf-

Fig. 2.

Aufschluss im Kalkbruch von Hain & Stenger, 1 ᵏᵐ östlich von Feldkahl an der Strasse nach Aschaffenburg.

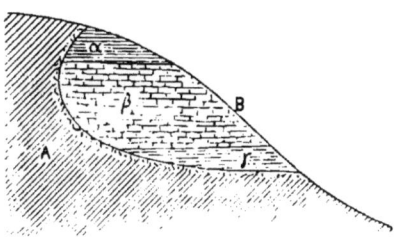

A Urgebirge mit zersetzter Grenzzone gegen die Zechsteinformation.
B Zechsteinformation = α blaurothe Mergel. β dolomitische Kalkbänke. γ bituminöse Mergel.

lagerung auf dem Urgebirge auf; so besonders schön in den grossen Kalkbrüchen oberhalb Feldkahl. Hier ist auch an der Grenze des einen Steinsbruchs die Auswaschung des Zechstein-meeres am alten Uferrand gut zu constatiren und hierdurch eine

feste Marke für die Senkung nach dem Kinzigthale gegeben. Im NO.
von Niederrodenbach treten bei Abstadt, Geisselbach und Grossen-
hausen direct unter dem Zechstein z. Th. conglomeratische Schichten
des Rothliegenden auf. Dieselben sind anscheinend eine Ufer-
bildung der Kreuznacher Schichten oder der Mergel, welche wie
vorher angeführt, bei Haingründau die Kreuznacher Schichten über-
lagern. Da im Vorspessart keine zusammenhängenden Profile ersichtlich sind, ist es schwierig ein Urtheil zu fällen. In der
Rouerge (bei Rodez, Frankreich) hat Verfasser dieses Jahr ähnliche
obere Mergel des Oberrothliegenden unter freundlicher Führung
von Prof. BERGERON in grosser Ausdehnung gesehen. Auch hier
bilden am alten Ufer Conglomerate deren Aequivalent [1]).

c) Im Mainthal.

Am Südhang der hohen Strasse stehen nach dem Main hin
die Tertiärschichten in schöner Reihenfolge an.

Ungefähr 1^{km} östlich von der Frankfurter Vorstadt Bornheim
treten am Fusse obigen Höhenzuges, im Röderwäldchen, unter
Kies Tholeyer Schichten auf. Etwa 150^m östlich von diesem Punkte
hat Dr. VOLGER am sog. Röderspiess vor 25 Jahren einen Wasser-
schacht abgeteuft, dessen Profil nach Dr. KINKELIN's Notizen war:

    8,50 ^{m} Kies,
    6,00 ^{m} Rupelthon (Mitteloligocän),
   35,00 ^{m} Rothliegendes, nicht durchteuft.

Das Rothliegende, von dem der Verfasser eine Reihe von Hand-
stücken besitzt, ist Arkosesandstein, identisch mit demjenigen bei
Vilbel am Nordrande der hohen Strasse. Ein Bohrloch zwischen
dem 16. und 17. Bahnwärterhaus (Frankfurter Grenze) etwa
500 Meter östlich von dem Volgerschachte ergab:

    4,00 ^{m} Kies,
  45,00 ^{m} Thon (?), aufgelassen.

---

[1]) BERGERON, Géologie du Rouerge et de la Montagne noire. Ann. des
Sciences Géol. Tome XXII, pag. 246 u. 247.

Südlich vom Volgerschachte tritt an der sog. Kaiserlay im Main Arkosesandstein und Melaphyr zu Tage. Früher waren beide Vorkommen am Ufer sichtbar, sie sind aber jetzt durch Uferbauten verdeckt. H. v. MEYER[1]) giebt hierüber genauere Mittheilungen, welche Verfasser im Winter 1888/89, Dank des niederen Wasserstandes, controliren konnte.

Etwa 950 ^{m} oberhalb der Gerbermühle findet sich der erste Arkosesandstein im Main und konnte ca. 50 ^{m} weit verfolgt werden; dann erschien Melaphyr namentlich massig an der Kaiserlay ca. 1200^m oberhalb der Gerbermühle. Oestlich von diesen Felsmassen verschwindet der Melaphyr und es treten die grauen weichen, petrefactenführenden Schiefer des Rupelthons (Fischthon) auf. Weitere 600 ^{m} oberhalb finden sich im Main die Felsen des sog. Weinsteins, Blättersandsteine des Cyrenenmergels. Auf Blatt Frankfurt der geologischen Karte von Preussen ist das Melaphyr- und Rothliegende-Vorkommen irrthümlicher Weise an dieser Stelle und in umgekehrter Reihenfolge eingezeichnet, statt 600 ^{m} weiter flussabwärts. In der südlichen Fortsetzung des Melaphyrs brachte Dr. VOLGER auf der linken Mainseite ein Bohrloch nieder, dessen Profil nach Dr. KINKELIN's freundlicher Mittheilung war:

3,00 ^{m} Lehm,
0,25 ^{m} Kies,
180,00 ^{m} Melaphyr,
9,00 ^{m} Rothliegendes, aufgelassen.

Die Bohrproben konnte ich leider nicht zur Einsicht erhalten. Es scheint der Melaphyr gangartig aufzutreten; 1 Kilometer süd-östlich von diesem Bohrloche hat Herr NEUBECKER in Offenbach eine Bohrung niedergebracht, welcher die Kaiser Friedrichs-Mineral-quelle entspringt.

Profil nach den mit Tiefenangaben versehenen Bohrkernen:
105 ^{m} Rupelthon und Meereskalk[2]),
70 ^{m} Ober - Rothliegendes, feinkörniger Sandstein und Schieferletten.

---

[1]) Zeitschr. f. Min. v. LEONHARD, Sept. 1827.
[2]) KINKELIN, Senckenb. Ber. 1885, S. 256.

45 ^m Söterner Schichten, Kalk, Hornstein und Thonsteine,
40 ^m Tholeyer Schichten, Arkosesandstein,
15 ^m Feinkörniger grauer sandiger Schieferletten mit
    zweierlei Glimmer, möglicherweise schon Lebacher
    Schichten.

Bergrath TECKLENBURG hat[1]) eine genauere Aufstellung der Schichten gegeben, nachdem er auch Gesteinsproben an Landesgeologen GREBE gesandt hatte. Im Allgemeinen stimmen beide Aufstellungen überein. Aus einer Tiefe von 190 ^m stammt ein Bohrkern mit dem von CREDNER bestimmten *Archegosaurus*[2]). Es scheint unzweifelhaft, dass zwischen dem Schacht am Röderspiess und dem Bohrloch an der Frankfurter Grenze, ebenso wie in directer Fortsetzung zwischen der Kaiserlay und dem NEUBECKERschen Bohrloch eine Verwerfung von mindestens 220 ^m Sprunghöhe durchgeht, welcher Verwerfung auch am Nordrand der Strasse bei dem plötzlichen Abbrechen der Tholeyer Schichten in Gronau gedacht wurde.

Nur pro memoria will ich hier des Bohrlochs westlich von Offenbach[3]) gedenken, durch welches das Rothliegende bei 192 ^m Tiefe erreicht worden sein soll. Die Genauigkeit dieser Angaben wird indessen in Zweifel gezogen. Weiter aufwärts im Mainthal kommt Rothliegendes, Kreuznacher Schichten, erst wieder auf der Linie Hochstadt—Rumpenheim—Mühlheim a. M. zu Tage[4]). Zwischen Hochstadt und Oberdorfelden ist das Rothliegende durch ein Bohrloch nachgewiesen[4]). Die Gleichmässigkeit der Vorkommen von Tholeyer Schichten bei Vilbel, am Röderspiess und der Kaiserlay, sowie des mit Unterbrechungen nachgewiesenen Vorkommens von Oberrothliegenden (Kreuznacher) Schichten bei Kilianstädten, Oberdorfelden, Hochstadt und Rumpenheim stellen es als unzweifelhaft hin, dass der Untergrund der »Hohen Strasse« aus Rothliegendem besteht.

---

[1]) Geogn. Beschr. d. Kaiser-Friedrichs-Quelle. Wiesbaden b. Kreidel.
[2]) Zeitschr. d. Deutsch. geol. Ges. 1886, Bd. XXXVIII, S. 681—96.
[3]) LUDWIG, Erl. z. Sect. Offenbach.
[4]) v. REINACH. Geologisches aus dem Untermainthal. Senckenberg. Ber. 1890.

d) Zwischen Main und Rhein.

Eine directe Verbindung der am Main nachgewiesenen Vorkommen von Rothliegendem mit jenem zwischen Sprendlingen und Darmstadt ist in Folge der mächtig auflagernden Tertiär- und Diluvialdecke nicht aufgeschlossen. Eine Angabe Ludwig's[1]) über Vorkommen dieser Schichten bei der Louisa beruht, wie

Fig. 3.

Profil von Sprendlingen bis Sachsenhausen.

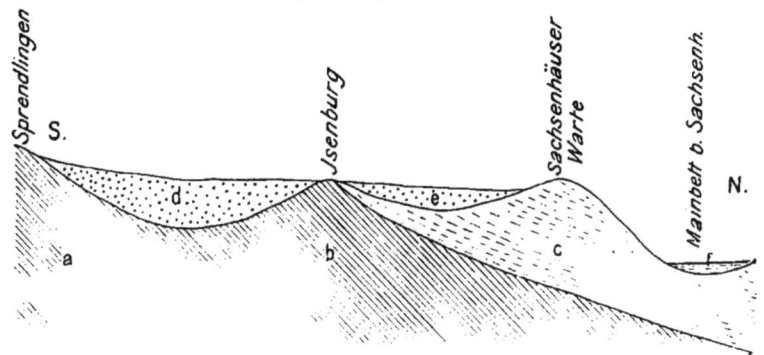

a Unteres Rothliegendes. **b** Oberes Rothliegendes. **c** Corbiculaschichten des Tertiärs. **d. e** Diluviale Mainbette. **f** Heutiges Mainbett.

Verfasser durch Abteufen eines kleinen Schachtes nachwies, auf Irrthum, dagegen stehen die Brunnen der Bahnhofstrasse in Isenburg in Ober-Rothliegendem. Bei genauer Aufnahme der Brunnen in Isenburg zeigte es sich, dass der südliche Theil dieses Städtchens auf tiefem Diluvium (altem Maingeröll) steht, der mittlere Theil auf Ober-Rothliegendem, der nördliche Theil auf Unteren Corbiculaschichten. Das Profil von Sprendlingen bis Sachsenhausen wird sich also wie oben gezeichnet darstellen. Etwa 4 ¹/₂ ᵏᵐ südlich von Isenburg tritt das Rothliegende an der 7¹/₂ ᵏᵐ langen Linie Sprendlingen—Spitzeberg zu Tage und lässt sich 15 ᵏᵐ weiter südwärts bis zum Odenwald verfolgen. Gegen Westen ist das Vorkommen von der Rheinthalspalte begrenzt, gegen Osten von der südlichen Fortsetzung des früher erwähnten Hanauer

¹) Notizblatt d. Vereins f. Erdkunde, Darmstadt 1863.

Beckens. Das Einfallen ist bei Sprendlingen schwach nördlich, ebenso bei Götzenhain, im Süden von Götzenhain aber südlich. Da die Schichten südlich von Vilbel südliches Einfallen zeigen, die gleichen Rothliegenden-Schichten bei Sprendlingen aber nach Norden einfallen, so ist auch hierdurch eine Mulde im Mainthale angezeigt, in welcher sich dann das Tertiär, mächtig entwickelt, eingelagert hat. Die tieferen Rothliegenden-Schichten (Tholeyer Stufe) treten am Nordwestrand des Darmstädter Vorkommen zu Tage, das oberste Rothliegende (Kreuznacher Schichten) im Südosten am Abfall des Odenwaldes. Am Ostrande des krystallinischen Odenwalds steht Zechstein an, welcher unter dem Buntsandstein verschwindet, in gleicher Weise wie es im Vorspessart der Fall ist.

Wenn nördlich vom Main Grenzmelaphyre und Porphyr und damit in Zusammenhang die typischen Söterner Schichten zu fehlen scheinen, so zeigt sich südlich vom Flusse das umgekehrte Verhalten; der grösste Theil des Darmstädter Vorkommens gehört diesem Schichtcomplex an. Die Thonsteine bestehen daselbst zumeist aus einem festen Conglomerat eckiger Bruchstücke von Quarz, Urgesteinen und Porphyr mit kalkig-thonigem Bindemittel. Das Gestein hat ein buntes Aussehen. Zwischen den Conglomeratbänken liegen Bänke von feinkörnigen, glimmerreichen, rothen Lettenschiefern. Feste klingende Thonsteine sind seltener und haben öfters einen Kalkgehalt. Lithologisch ist ein Auseinanderhalten von oberem und unterem Thonstein in diesem Gebiete sehr schwierig. Der untere Thonstein führt in seiner unteren Lage auf grosse Erstreckung ein Kalksteinflötz von 1—2 ^{m} Mächtigkeit, welches viele Pflanzen-, Stegocephalen- und Fischreste enthält. Der Uebergang zum Tholeyer Arkosesandstein erfolgt nicht plötzlich, sondern allmählich, indem Uebergangsschichten zwischen Thonsteinen und Arkosen auftreten, wie solches auch in Sachsen der Fall ist. Die oben beschriebenen Darmstädter Thonsteine haben grosse Aehnlichkeit mit den gleichen Schichten am Windberge bei Dresden, bei Uerzig an der Mosel, Sponheim südlich von Kirn, am Donnersberg in der Pfalz, bei Oberschönau in Thüringen und Ronchamps (Haut Saône), und erinnern auch an das Auftreten der Porphyrconglomerate bei Cannes. Die Aehnlich-

keit mit den Schichten von Niederhässlich (Windberg) wird noch
dadurch erhöht, dass dort ebenfalls an der Basis Kalkschichten
mit Stegocephalenresten vorkommen. Bei Sprendlingen enthalten
neben den reinen Kalken auch die kalkigen dichten Thonsteine
derartige Reste. Die Sorbonne in Paris besitzt Handstücke aus
der Montagne noire, von BERGERON gesammelt, welche grosse
unbestimmte Knochenreste enthalten; die lithologische Beschaffenheit der Schichten erinnert an die Thonsteine bei Langen und Sprendlingen. Herr Geheimrath GEINITZ hatte die Freundlichkeit, die
vom Verfasser in den Darmstädter (Sprendlinger) Kalken und
Thonsteinen gesammelten Fossilien zu untersuchen [1]). Es fanden
sich ein Unterkiefer mit kegelförmigen Zähnen, ein Coracoideum,
ein Thoraciculum laterale, ein Parasphenoid, Reste, welche denjenigen
von *Protriton petrolei* Gaudry *(Branchiosaurus amblystomus* CREDNER)
oder auch *Pelosaurus laticeps* CREDNER sehr nahe stehen. Die in
den obersten Kalkpartieen vorkommenden Pflanzenreste sind die
gleichen wie solche im Nachtrag zur Dyas I, Taf. 1, Fig. 24 als
Araucarites sp. abgebildet und beschrieben sind. Wahrscheinlich
ist auch die Gattung *Scolecopteris* vorhanden. Ein Fischrest sowie ein Stammstück erwiesen sich als unbestimmbar. In einer
weiteren Sendung fand GEINITZ Ganoidenschuppen. Die in
gleicher Notiz (s. u.) erwähnten Kalke mit Schnecken waren nicht
anstehend, daher ein zweifelhaftes Vorkommen; möglicher Weise
sind sie durch das alte Mainbett von oberhalb hierhergeschwemmt.
Um die Lagerung der Kalke genau festzustellen, wurde im Früh-
jahr 1889 an der Strasse zwischen Götzenhain und dem Neuhof
ein Schacht abgeteuft. Folgende Schichtenfolge liess sich feststellen:

1,00 ᵐ rother Letten,

0,50 ᵐ feste dichte graue Plattenkalke, oberste Schicht
mit Pflanzenresten, dann Stegocephalenreste; hier
fand sich der oben erwähnte Unterkiefer von
Protriton petrolei,

1,50 ᵐ Kalk mehr conglomeratisch ausgebildet mit röth-
lichem Glimmer und Kaolin, keine grösseren

Latus 3,00 ᵐ

---

[1]) Neues Jahrbuch für Mineralogie 1889, Bd. II.

Transp. 3,00 ᵐ

       Platten, sondern handgrosse Stücke in rothem Letten liegend,

   0,50 ᵐ festere Kalkbänke, geschichtet, weniger conglomeratisch, viele Stegocephalenreste,

   1,25 ᵐ rothe Thonschiefer mit vielem Glimmer,

   1,00 ᵐ Thonsteine in Arkose übergehend,

   5,75 ᵐ aufgelassen.

Ein ähnliches Profil ist an der Winkelsmühle (Hengstbach bei Dreieichenhain), vom hohen Ufer bis in den Bach anstehend, ersichtlich. Hier ist ein Theil der Kalkschichten durch die oben angeführten, dichten, rothen, kalkigen Thonsteine mit massenhaften Stegocephalenresten und Ganoidenschuppen ersetzt. Im NEUBECKER-schen Bohrloch fand (s. oben) Bergrath TECKLENRURG bei 190 ᵐ im Kalk den *Archegosaurus*-Rest. Ein im Besitz des Verfassers befindlicher Bohrkern aus 220 ᵐ Tiefe, dem gleichen Bohrloch entstammend, ein dichter kalkiger Thonstein unmittelbar über den Tholeyer Schichten enthält ebenfalls thierische Reste, so dass die Thonsteingruppe beider Vorkommen wohl identisch ist.

Zum Vergleich des Darmstädter Vorkommens mit demjenigen im Plauenschen Grunde folgt hier das Profil des Windbergs. Der obere Theil am Berghang ist eigene Aufnahme, den unteren Theil im Windbergschacht, im Liegenden des Kalkflötzes, verdanke ich einer freundlichen Mittheilung des Herrn Geheimrath GEINITZ.

Oberes Rothliegendes Sachsens, nach GEINITZ
{
Höhe des Windbergs über der Thalsohle 115 ᵐ,

14,00 ᵐ die obersten Schichten nahe Berghöhe entsprechen einem Uebergangs-gestein von Thonstein zu Ober-Rothliegendem,
}

Oberes Rothliegendes Sachsens, nach GEINITZ
{
84,50 ᵐ Thonsteine, grobes festes Porphyrconglomerat röthlich wie bei Langen-Dreieichenhain und Uerzig oder grünlich wie bei Sponheim; als Zwischenlager rothe Schieferletten und
}

Oberes Rothliegendes Sachsens, nach GEINITZ	gelblichweisse dichte Thonsteine. Die unterste Schicht ist fester, klingender, rother, Thoustein (Einfallen SSW. mit 5^0),

Mittleres Rothliegendes Sachsens, nach GEINITZ

$0{,}50^{\,m}$ stark kalkhaltige Conglomerate und weissliche dichte Thonsteine,
$1{,}00^{\,m}$ obere Kalkschicht, dicht, grau, nach oben zu sandig, mit Stegocephalen,
$5{,}00^{\,m}$ Lettenschiefer,
$0{,}50^{\,m}$ rother und weisser dichter Thonstein,
$0{,}50^{\,m}$ Sandstein,
$0{,}50^{\,m}$ bläulicher fester Letten,
$1{,}25^{\,m}$ grauer fester Kalk mit Stegocephalen,
$1{,}00^{\,m}$ graue Thone ohne organische Reste[1]),
$22{,}00^{\,m}$ Wechsel von Thonsteinen und Letten, mit Arkosen,

Unteres Rothliegendes Sachsens, nach GEINITZ

$80{,}00^{\,m}$ Sandsteine und Arkosen,
$60{,}00^{\,m}$ feinkörnige, meist graue Sandsteine und Conglomerate,

Graues Conglomerat Sachsens, nach GEINITZ

$43{,}00^{\,m}$ graue Conglomerate und Schiefer, auch Arkosen,

Oberes Kohlengebirge Sachsens, nach GEINITZ.

$90{,}00^{\,m}$ Schiefer, auch Conglomerate,
$4{,}00^{\,m}$ Kohlenflötz.

$408{,}00^{\,m}$ [2]).

[1]) Eigene Aufnahme bis hier.
[2]) Vor Drucklegung dieser Arbeit ist die Section Tharandt der geol. Karte des Königr. Sachsen erschienen, bearbeitet von den Herrn SAUER und BECKE. Obiges Profil ist darin sehr eingehend behandelt; die Neueintheilung der Schichten entspricht im Grossen und Ganzen derjenigen an der Saar und Nahe.

Die Aehnlichkeit mit dem Vorkommen zwischen Sprendlingen und Götzenhain wird noch auffallender, wenn man in Betracht zieht, dass im Hangenden der Kalke bis nach Station Messel Söterner Schichten anstehen, die abgesehen von den Melaphyrdecken lithologisch identisch sind mit der Ueberlagerung des Windbergschachtkalkes. Auch am Donnersberg findet sich eine ähnliche Schichtenfolge. Die dortigen Kalke liegen unter einer Porphyrbreccie und enthalten noch unbestimmte Pflanzenreste, anscheinend den sächsischen Staarsteinen entsprechend. Tholeyer Schichten stehen ganz in der Nähe an, Stegocephalenreste sind daselbst noch nicht gefunden. — Eine ausführliche Beschreibung der einzelnen Vorkommen des Rothliegenden zwischen Mainebene und Odenwald ist bei der genauen Aufnahme des KOCH'schen Blattes Sachsenhausen und der CHELIUS'schen Blätter Messel und Rossdorf unnöthig. Es soll daher nur das interessanteste Schnittprofil von der Station Messel bis nach Sprendlingen aufgeführt werden.

Ein Kilometer westlich von der Station Messel steht im Steinbruch neben der Bahn Granitit an. An der Südostseite dieses

Fig. 4.

Profil des Rothliegenden im Granititsteinbruch bei Station Messel.

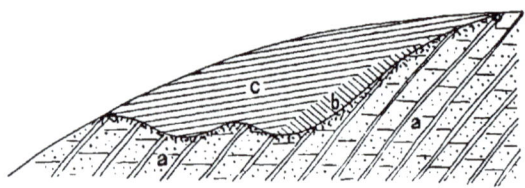

a Granitit mit infiltrirter Grenzzone.   **b** und **c** Schieferthone des Oberrothliegenden, bei **b** nach SW., bei **c** nach SO. einfallend.

Bruchs ersieht man deutlich, wie die Gewässer des Rothliegenden Sees in den Granitit eindrangen und die Grenzzone veränderten. Auf derselben folgt der feinkörnige, thonige Schiefer des Oberrothliegenden am Granitit anfangs mit SW.-, dann mit schwachem SO.-Einfallen. Unter der Paraffinfabrik stehen die gleichen Schichten an (Einfallen nach SSO. mit 6°). Die Schiefer zeigten

in diesem Aufschlusse die charakteristischen runden grünen Flecken.
Etwa $1/2$ ᵏᵐ nördlich vom Bahnhofe finden sich am Weg nach
Messel Uebergangsschichten von Oberrothliegendem nach Thonstein, mittelkörnige Conglomerate mit viel Kaolin (Einfallen anfangs nach S., dann nach SW.). Direct nördlich von Messel sind
einige aufgelassene Steinbrüche im Grenzmelaphyr (mit Olivinpseudo-
morphosen). Ungefähr $1\,1/4$ ᵏᵐ nördlich von Messel, am Eingange in
den Wald (Weg nach Philippseich), ist ein grösserer, jetzt ebenfalls ausser Betrieb stehender Steinbruch in den unteren Thonsteinen angelegt. Es sind mittelkörnige, theilweise recht feste
Conglomerate, unmittelbar darüber stehen Grenzmelaphyre an. Im
Liegenden obigen Steinbruchs kommen an der Kreuzung der Forst-
meisterschneisse Uebergangsschichten von Thonstein in Arkose zu
Tag. Weiter nordwärts im Offenthaler Wald finden sich wieder
stark zersetzte Thonsteine mit NNW.-Einfallen, es dürfte also
wohl eine Sattelbildung vorliegen. Bessere Aufschlüsse fehlen bis
nach Philippseich. Im kleinen Wäldchen (Wiese zwischen dem
Schloss und Götzenhain) befindet sich ein alter Basaltbruch, in
welchem auch das Rothliegende erschlossen ist (Einfallen schwach
nördlich). Die obersten Schichten sind Thonsteine, die unteren
helle, gelbe, arkosige Sandsteine, anscheinend der Tholeyer Stufe.
Auf dem nördlich gegenüberliegenden Bachrand finden sich thonige,
feste, rothe Schiefer mit spärlichen unbestimmbaren Pflanzenresten,
nach Götzenhain zu von Thonsteinen überlagert. Im Liegenden

Fig. 5.
Profil von Sprendlingen bis Philippseich.

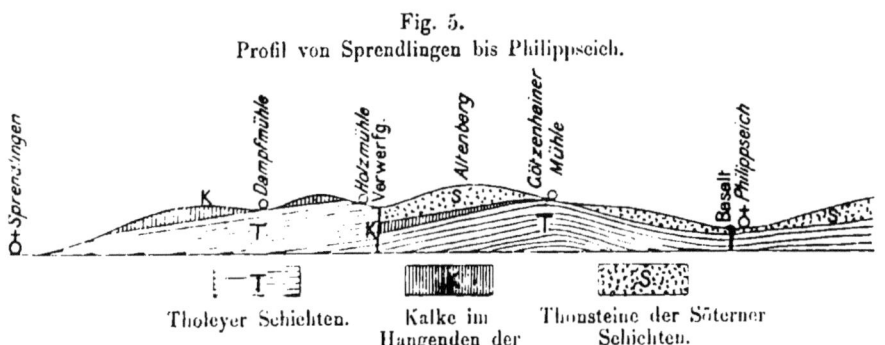

Tholeyer Schichten.   Kalke im   Thonsteine der Söterner
                       Hangenden der   Schichten.
                       Tholeyer Schichten.

obiger Schiefer folgt am hohen Ufer des Hengstbachs gegen Norden
ein Wechsel von Arkosesandsteinen und dunkelgrauen glimmerreichen Thonschiefern. Zwischen den Schichten treten auch noch
einzelne Bänke ächter Thonsteinconglomerate auf. Das Vorkommen
ist durch eine Reihe kleiner Schürfe aufgeschlossen. Südlich von der
Götzenhainer Mühle bildet der angeführte Schichtencomplex einen
Sattel, das Einfallen wechselt nach Nord, und im Steinbruch der
Mühle sieht man bereits eine mächtige Ueberlagerung von Conglomeraten der unteren Thonsteine als Fortsetzung des später zu
erwähnenden Altenbergs. Die grauen glimmerreichen Thonschiefer
sind mit leider schlecht erhaltenen Pflanzenresten förmlich an-
gefüllt. Dr. STERZEL in Chemnitz hatte die Güte die von mir
gesammelten Pflanzen zu prüfen. Es fanden sich:

1. *Callipteris conferta* STBG. subsp. *obliqua* GÖPP. var. *tenuis*
   WEISS, selten.
2. *Odontopteris obtusa* BROGN. (incl. *obtusiloba*), häufig.
3. *Walchia piniformis*, selten.
4. *Aphlebia (Schizopteris) lactuca* PRESL. sp.
5. Farrenfieder, wahrscheinlich *Pecopteris*, selten.
6. *Calamites* sp. unbestimmbare Reste, ziemlich häufig.
7. *Cordaiten*-Blattreste, wahrscheinlich *palmaeformis*, u. A.,
   häufig.
8. Viele Früchte, wahrscheinlich *Rhabdocarpus disciformis*
   STBG. var. *laevis* WEISS, *Rhabdoc. dyadicus* GEIN., *Rhabdoc. subangulatus* GÖPP. und *Trigonocarpus postcarbonicus*
   GÜMBEL.

Sowohl die Flora als die Lagerung im Liegenden des charakteristischen unteren Thonsteinconglomerates stellen obige Schichtenfolge unbedingt in die Tholeyer Stufe.

Direct nördlich von der Götzenhainer Mühle sind die grossen
Steinbrüche des Altenbergs, bunte, sehr grobe, feste Thonstein-
conglomerate mit schwachen Zwischenlagern von glimmerreichen
rothen Schieferthonen. Nördlich vom Altenberge scheint eine kleine
Verwerfung durchzugehen, vielleicht markirt durch den früher im
Abbau befindlichen Schwerspathgang, ebenso durch ein von der

Holzmühle in ONO. streichendes kleines Seitenthal. Nördlich von diesem Thälchen treten die früher besprochenen Kalke und Thonsteine mit Stegocephalen und anderen fossilen Resten auf (Einfallen der Schichten nach NNO.). Beiderseits der Strasse von Götzenhain nach dem Neuhofe befinden sich kleine Abbaue im Kalkstein, der zur Strassenbeschotterung verwendet wird. Bei Dreieichenhain erkennt man im Bachbett Arkose als Liegendes der Kalke. An der Kreuzmühle ist ein Schurf in stark kalkhaltiger Arkose angelegt. Die Kalke nebst den Arkosen und Uebergangsgesteinen von Thonstein in Arkose lassen sich bis Sprendlingen verfolgen, wo sie unter dem Diluvium verschwinden. Bei Sprendlingen findet sich über der Arkose eine Schicht von Uebergangsgestein zu Thonstein, in welcher massenhaft dicke Kalkknauern mit unbestimmbaren Pflanzenresten vorkommen. Am Neuhof sind die Kalke von Thonsteinen überlagert, deren Hangendes weiter östlich am Spitzeberg Waderner Schichten bilden. Hier sei auch des Trachyts am Neuhof gedacht, welcher dem rheinischen so ähnlich ist (neuer Fund am Hofe selbst). Noch muss der Vollständigkeit halber ein Punkt südöstlich von Messel erwähnt werden, der Mainzerberg, woselbst die Waderner Schichten ausgezeichnet anstehen: halbzerfallene Conglomerate, meist Grus mit vielen, grossen, stark gerundeten Porphyr- und einzelnen zersetzten Melaphyrstücken.

Aus den im Vorstehenden enthaltenen Mittheilungen über Auftreten der Kalke ist ersichtlich, dass solche nur local als Plattenkalke ausgebildet sind. CREDNER macht die gleiche Bemerkung über das sächsische Vorkommen [1]). Ob südlich von der kleinen Verwerfung an der Holzmühle (siehe Profil) noch Plattenkalke vorkommen, ist mit Sicherheit nicht zu behaupten, aber wohl anzunehmen. An der Götzenhainer Mühle sind keine Plattenkalke mehr zu constatiren.

e) Westlich vom Rheine.

Die weite Rheinthalspalte trennt das Darmstädter Rothliegende von jenem Rheinhessens und der Pfalz, keine Bohrung

---

[1]) CREDNER, Naturw. Wochenschrift. Bd. V. No. 48, 30. Nov. 1890.

hat innerhalb der eigentlichen Senke das Rothliegende erreicht. LEPSIUS [1]) und KINKELIN [2]) besprechen den Westrand der Rheinischen Senke am Mainzerbecken.

LEPSIUS bringt das Auftreten des Rothliegenden am Rheinufer zwischen Nackenheim und Nierstein mit dem Zusammentreffen der Verwerfung St. Avold-Bexbach und der Rheinthalspalte in Zusammenhang. Die hier in grosser Mächtigkeit und mit steilem Absturz nach dem Rhein auftretenden Schichten sind Oberrothliegendes, Kreuznacher Schichten, im oberen Theile sehr mergelig (Einfallen nach NNW.). Bei Schwabsburg finden sich etwas Conglomerate.

Südlich von Schwabsburg tritt an der Landstrasse nach Nierstein Melaphyr (Grenzmelaphyr?) zu Tage und ist in einigen Steinbrüchen gut aufgeschlossen. Die von LUDWIG und GROOSS [3]) angebenen Profile in den Weinbergen bei Alzey sind nicht mehr offen. Es findet sich aber an bezeichneter Stelle gelblicher Sandstein, auch Arkose, wohl den Tholeyer Schichten angehörig. Weiter zeigen sich Stücke von Hornstein und Melaphyr. GROOSS giebt an, Abdrücke eines Farns ähnlich *Cyatheites confertus* und Schnecken ähnlich *Turbonilla Zwickaviensis* gefunden zu haben. Die bevorstehende Neuaufnahme der Section wird Klarheit in die Verhältnisse bringen. Zufolge der Angaben LUDWIG's [4]) ist bei Bohrungen in Friesenheim und Einsheim westlich von Nierstein Rothliegendes unter der Tertiärdecke bei 30 ^{m} Tiefe erbohrt worden. Er zieht daher die logische Schlussfolgerung, dass das Rothliegende überhaupt nach Westen als Liegendes des Tertiärs durchgehe. Die Rothliegenden-Schichten (Tholeyer Schichten mit schlecht erhaltenen Pflanzenresten) treten bei Biebelnheim wieder zu Tage, um dann von Flonheim aus ohne Unterbrechung Anschluss an das Saar-Nahegebiet zu finden. In den ausgedehnten Flonheimer Steinbrüchen (Tholeyer Schichten) hat Verfasser im

---

[1]) Oberrhein. Tiefebene und ihre Randgebirge; Darmstadt 1885 und Das Mainzerbecken; Darmstadt 1883.

[2]) KINKELIN, Senkungen im Untermainthal. Senckenb. Ber. 1885, S. 242.

[3]) Section Mainz. Geol. Specialkarte d. Grossh. Hessen.

[4]) Section Alzey. Geol. Specialkarte d. Grossh. Hessen.

Sandstein selbst grosse Exemplare von Walchien gefunden. Oestlich von Flonheim an der Aulheimer Mühle ist zur Zeit eine schöne Apophyse aufgeschlossen.

Fig. 6.

Apophyse von Melaphyr an der Aulheimer Mühle.

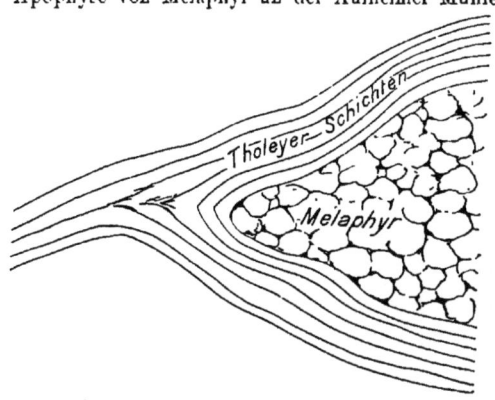

Den weiteren Anschluss der Rothliegenden-Schichten nach Norden und Westen hat Lepsius[1]) genau aufgenommen, so dass keine Lücke mehr zwischen dem Rothliegenden in Rheinhessen und demjenigen der Pfalz vorhanden ist.

Allgemeiner Rückblick.

Wie oben angeführt, schliesst sich das rheinhessische Vorkommen direct an das Rothliegende der Pfalz und der Nahe an. Das Darmstädter Vorkommen, hiervon durch die Rheinthalsenkung getrennt, bildet den Ostrand dieser Einsenkung. Ein Blick auf beiliegendes Uebersichtskärtchen zeigt die Zusammengehörigkeit des Wetterauer Rothliegenden mit dem Darmstädter Vorkommen. Am Main kommen unter dem tief ausgewaschenen Tertiär die Verbindungsglieder zu Tage. Wie das Rothliegende am Spessartrand das östliche Ausgehende des Beckens bildet, so ist anderer-

¹) S. o. Lepsius, Mainzerbecken.

seits das Vorkommen am Taunusrand der erhalten gebliebene Rest des nordwestlichen Ausgehenden dieser Formation. Nach Nordosten scheint das Rothliegende weiter fortzusetzen, da solches bei Rabertshausen im Vogelsberg unter dem Basalte wieder zum Vorschein kommt [1]). Die Grenzen des Rothliegenden in Isenburg und Vilbel bezeichnen anscheinend die Fortsetzung des östlichen Randes der Rheinthalspalte.

Von den tiefsten Rothliegenden - Schichten treten nur bei Altenstadt, nordwestlich vom alten Steinbruch, Obere Cuseler Schichten zu Tage. In diesem Steinbruch wurde Anfangs der 60er Jahre eine Bohrung auf Kohlen niedergebracht und bei 1080 Fuss Teufe aufgelassen, da von den Betheiligten keine Zuschüsse mehr zu erlangen waren. Da die Bohrung anscheinend zuletzt in einem groben Conglomerate stand, so glaubten wohl auch die Betheiligten auf Urgebirge gestossen zu sein. Die Bohrproben sind Dank der Fürsorge des Herrn Dr. OSKAR BOETTGER im Offenbacher Museum aufbewahrt. Eine genauere Bestimmung der Proben wurde zwar nach einzelnen charakteristischen Niveaus versucht, ist indessen natürlich nur ganz unzuverlässig. Sicher zeigen aber die Proben, dass unter den Oberen Cuseler Schichten ein mächtiger Complex von Conglomeraten, grauen und rothen Schiefern, Sandsteinen, auch Arkosen ansteht, ebenso dass in verschiedenen Tiefen kleine Kalk- und Kohlenflötze durchbohrt wurden. Es dürften also ausser den untersten Rothliegenden-Schichten möglicher Weise auch noch die oberen Carbonschichten vorhanden sein.

Das Rheinisch-Wetterauer Rothliegende-Becken steht, wie nachgewiesen, in directem Zusammenhang mit dem Saar-Nahegebiet, von welchem es einen integrirenden Theil bildet. Die Streichrichtung ist die gleiche, ebenso die Reihenfolge und Beschaffenheit der Schichten. Die für die einzelnen Niveaus an der Nahe charakteristischen Petrefacten finden sich ebenso in der Wetterau wieder.

[1]) Section Giessen d. geol. Spec.-Karte d. Grossh. Hessen.

Frankfurt a/M. Herbst 1890.

A. W. Schade's Buchdruckerei (L. Schade) in Berlin, Stallschreiberstrasse 45/46.

Veröffentlichungen der Königl. Preussischen geologischen Landesanstalt.

Die mit † bezeichneten Karten und Schriften sind in Vertrieb bei Paul Parey hier, alle übrigen bei der Simon Schropp'schen Hoflandkartenhandlung (J. H. Neumann) hier erschienen.

I. Geologische Specialkarte von Preussen u. den Thüringischen Staaten.

Im Maafsstabe von 1 : 25 000.

$$\left(\text{Preis} \left\{ \begin{array}{l} \text{für das einzelne Blatt nebst 1 Heft Erläuterungen} \ldots 2 \text{ Mark.} \\ \text{»} \quad \text{»} \quad \text{Doppelblatt der mit obigem † bez. Lieferungen 3 } \text{»} \\ \text{»} \quad \text{»} \quad \text{»} \quad \text{» übrigen Lieferungen} \ldots \ldots 4 \text{ »} \end{array} \right. \right)$$

				Mark
Lieferung 1.	Blatt	Zorge, Benneckenstein, Hasselfelde, Ellrich, Nordhausen**), Stolberg		12 —
»	2.	»	Buttstedt, Eckartsberga, Rosla, Apolda, Magdala, Jena**)	12 —
»	3.	»	Worbis, Bleicherode, Hayn, Ndr.-Orschla, Gr.-Keula, Immenrode	12 —
»	4.	»	Sömmerda, Cölleda, Stotternheim, Neumark, Erfurt, Weimar	12 —
»	5.	»	Gröbzig, Zörbig, Petersberg	6 —
»	6.	»	Ittersdorf, *Bouss, *Saarbrücken, *Dudweiler, Lauterbach, Emmersweiler, Hanweiler (darunter 3 * Doppelblätter)	20 —
»	7.	»	Gr.-Hemmersdorf, *Saarlouis, *Heusweiler, *Friedrichsthal, *Neunkirchen (darunter 4 * Doppelblätter)	18 —
»	8.	»	Waldkappel, Eschwege, Sontra, Netra, Hönebach, Gerstungen	12 —
»	9.	»	Heringen, Kelbra nebst Blatt mit 2 Profilen durch das Kyffhäusergebirge sowie einem geogn. Kärtchen im Anhange, Sangerhausen, Sondershausen, Frankenhausen, Artern, Greussen, Kindelbrück, Schillingstedt	20 —
»	10.	»	Wincheringen, Saarburg, Beuren, Freudenburg, Perl, Merzig	12 —
»	11.	» †	Linum, Cremmen, Nauen, Marwitz, Markau, Rohrbeck	12 —
»	12.	»	Naumburg, Stössen, Camburg, Osterfeld, Bürgel, Eisenberg	12 —
»	13.	»	Langenberg, Grossenstein, Gera, Ronneburg	8 —
»	14.	» †	Oranienburg, Hennigsdorf, Spandow	6 —
»	15.	»	Langenschwalbach, Platte, Königstein, Eltville, Wiesbaden, Hochheim	12 —

**) Bereits in 2. Auflage.

II. Abhandlungen zur geologischen Specialkarte von Preussen und den Thüringischen Staaten.

(Fortsetzung auf dem Umschlage.)